AF365104

Autres documentaires de l'autrice.

Les cloportes
Le lierre
Le lama
Les gendarmes
Le ragondin

Ouvrages jeunesse et pour adultes à découvrir sur jeanne-selene.fr

http://jeanne-selene.com – jeanneselene@outlook.fr
Correction : Sans Coquille – contact@sanscoquille.fr
Illustrations et photographies : images CCO
Jeanne Sélène, Saint-Brice, France

ISBN : 978-2-493087-07-2

Jeanne Sélène présente...
Le blob !

Le blob n'est ni un animal,

ni une plante, ni un champignon.

Il fait partie des myxomycètes

qui sont des êtres pourvus d'une

ou plusieurs cellules à noyau.

Le blob, contrairement aux autres

myxomycètes, est un protiste.

C'est-à-dire qu'il ne possède

qu'une seule cellule. C'est a priori

le seul protiste visible à l'œil nu.

Il vit dans les sous-bois

du monde entier.

Le blob possède 720 sexes différents.

Il naît de la fusion de deux cellules

de sexe différent : des spores.

Les spores sont contenues dans des

petits sacs appelés sporanges.

La cellule obtenue s'appelle un œuf. Seul son noyau va se diviser et faire grandir le blob tout en restant une seule cellule.

Au plus grand de sa taille, le blob est en phase dite plasmode. Il est alors constitué de réseaux de veines (qui transportent les nutriments) ainsi que de nombreux noyaux. Le plus grand blob observé dans la nature s'étalait sur 13 hectares.

Le blob se nourrit alors de bactéries et de moisissures (des champignons). Il sécrète des enzymes et entoure ses aliments pour les digérer.

Si les conditions environnementales sont mauvaises, le blob se replie en sclérote : il se déshydrate et attend de meilleures conditions pour poursuivre sa quête de nourriture.

Sclérotes d'un autre myxomycète

Le blob peut se déplacer.
Il laisse derrière lui un
mucus qui lui permet de
ne pas repasser au même
endroit ou de détecter la
présence d'un congénère.

Un blob peut cicatriser en deux minutes seulement. S'il est sectionné, il ne meurt pas, mais la partie cicatrisée devient à son tour un blob autonome.

Les blobs ont des personnalités différentes selon leur origine géographique. Certains sont amicaux avec leurs congénères tandis que d'autres peuvent aller jusqu'au cannibalisme !

Des excpériences ont démontré que, malgré l'absence de cerveau, les blobs sont capables d'apprentissages, d'optimiser leurs déplacements et d'anticiper un comportement face à une excpérience répétitive. Ils peuvent même se transmettre des informations. Ils n'ont décidement pas fini de nous étonner !

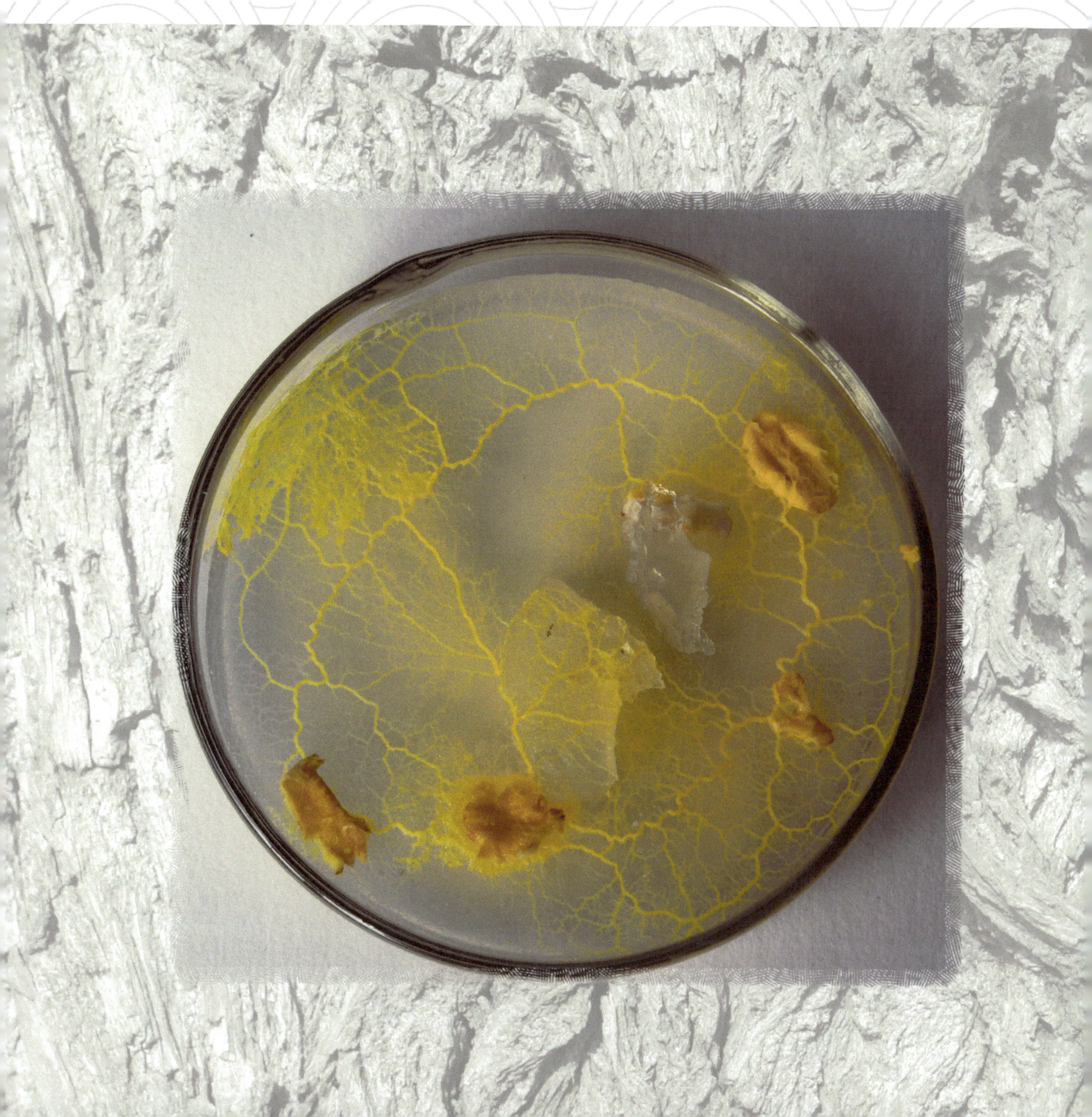

Carte d'identité :

Règne : Amoebozoaires.

Classification : Physaraceae.

Non scientifique : Physarum polycephalum.

Milieu de vie : sous-bois.

Taille : un micromètre à une dizaine d'hectares.

Reproduction : sexuée.

Régime alimentaire : bactéries et champignons. Il aime les bactéries présentes sur l'avoine !

Funfact : Thomas Pesquet a emmené un blob dans l'espace pour ses expériences !

Références bibliographiques : Wikipédia, Vikidia, Science et Vie.
Licence photographies et illustrations **CCO** :
Treegrow, matsuyuki, lmjambon, Wendell Smith, Rob Cruickshank, Scott Darbey.
depuis VisualHunt pour les attributions requises.
AdobeStock : Iuliia et ViniSouza128.
Merci à tous et toutes !
Police d'écriture : cursivestandard, **CCO**.
Dépôt légal : dernier trimestre 2021
Loi n° 49-956 du 16 juillet 1949